Éditions DIASPORAS NOIRES

www.diasporas-noires.com

©Emmanuel Ngombet 2019
ISBN version numérique : 9791091999892
ISBN version imprimée : 9791091999908

Date de publication numérique : janvier 2019
Impression : janvier 2019

Mentions légales

Emmanuel NGOMBET

L'Avenir désirable de l'Humanité, L'Afrique

Une part de stratégie pour le futur proche

Essai

Avant-Propos

La grande leçon que nous enseigne la présente migration vers l'Europe, est la globalisation des causes et des effets, qui induit de nouveaux concepts tels que :

L'écologie morale

Ingérence économique sociale
ou
Une sorte de gouvernance sociale, globale et solidaire du monde

La territorialité numérique

Une nécessaire interdépendance des économies des pays
L'intelligence économique interdépendante à l'opposé de la guerre économique

Les armes de guerre ou "les vaches maigres qui dévorent les vaches grasses", dans le rêve de pharaon, interprété par Joseph.

Préface

Mon attention a été attirée par l'exercice réussi d'expliquer, au fil de l'eau, avec des mots simples, un concept aussi difficile que la gouvernance sociale globale du monde.

Dans l'environnement politique qu'est le notre (avec une dominante plutôt totalitaire), le risque pris, d'expliquer et proposer une rédaction des actes de gouvernance (manifestation d'intérêt, les termes de référence), est grand.

La hardiesse pédante dans l'énoncé des projets innovants (la production et le transport de l'eau douce de la mer jusque dans les terres arides de l'intérieur de l'Afrique) et structurants (l'accroissement de la production de l'énergie électrique -15 GW, et/ou le raffinage de tous nos minerais, localement sur le continent), nous laisse enthousiastes !

Le propos m'a semblé très technique mais dans ce monde en mutation ou le savoir est la chose la plus partagée, à travers le numérique, trouvons-lui, une utilité à l'adhésion des populations africaines à la vision d'une Afrique en libre échange.

Le libre échange oblige le décideur à se surpasser (devenir un citoyen) et à gouverner autrement (vision humaniste continentale et planétaire).

Arsène Francoeur NGANGA,
Enseignant-Chercheur en sciences historiques
et Co-fondateur du Club Congo émergent

Introduction

Une suggestion de stratégie collective, pour toute l'Afrique, et Alvin TOFFLER dit
"if you don't have a strategy, you're part of someone else's strategy".

Nous proposons un classement, un ordre de priorité pour des résultats optimum, avec effet "domino", car le *temps et les circonstances favorables sont aussi à saisir.*

La construction du barrage (sur le Nil) par l'Éthiopie (nécessité économique) réduira gravement les quantités (et débits) en eau dont dépend toute l'Égypte.
Le projet eau douce pour toute l'Afrique peut apporter une solution durable et nous éviter une guerre de l'eau entre les deux pays.
Nous déclinons, pour toute l'Afrique, l'offre d'acquisition de centrale nucléaire pour la production de l'électricité, au regard ; du danger que cela représente, des coûts élevés de mise en œuvre, de l'obligation d'une organisation sociale du travail et d'un haut niveau de conscience (individuelle et collective) que nos pays ont encore de la peine à atteindre.
Le besoin basique de toute l'Afrique est la production d'eau douce, par dessalement d'eau de mer, et le transport de cette eau jusque dans les terres arides de l'intérieur du continent.
La présence de l'eau dans ces lieux, rendre possible, la plantation en grandes quantités d'arbres fruitiers et de légumes, pour conjurer la famine et la dépendance alimentaire aux importations.

Le potentiel énergétique de l'Afrique autorise la production d'une électricité écologique, abondante, renouvelable et bon marché.

La disponibilité permanente de cette électricité ouvrira le possible de RAFFINER localement sur le continent, tous les minerais, y compris et notamment le pétrole brut, pour obtenir les coûts les plus bas des dérivés chimiques et des produits pétroliers, tels que le JET A1 qui conditionne les tarifs aériens.

Tout de suite et sans délai, l'Afrique prendra le raccourci ce l'utilisation des voitures et des trains électriques, des nouvelles technologies de l'information et de la communication.

In GOD, we stand - En Dieu, nous demeurons ! Telle sera le devise du continent où les hommes, grâce à la citoyenneté planétaire, induite par l'écologie mondialisée du FREE SEATING-FREE MOVING- FREE TRADING, seront devenus des terriens, simplement, vivant ensemble (nonobstant la variation du taux de pigmentation en mélanine) dans le berceau et l'avenir désirable de l'Humanité : l'Afrique.

Part I de la stratégie.

L'eau douce pour toute l'Afrique du G5 SAHEL au G55 AFRIQUE EAU DOUCE, 55 000 hommes soit 1000 par pays 94 milliards d'euros.

Le projet prévoit de prélever un million de m^3 d'eau de mer, par jour, à travers cinq unités de 200 000 m^3, chacune, sur chaque site. Une consommation annuelle de 0,365 Gm3 d'eau de mer qui donne une appréciation quantitative de l'impact environnemental sur l'océan (atlantique, indien).

À travers un système de tuyaux et de châteaux d'eau, l'eau douce sera transportée de la mer jusque dans les terres arides de l'intérieur de l'Afrique.
Le projet prévoit la création de sociétés privées de gestion de l'eau douce livrée par WATER PURCHASE AGREMENT, pour garantir le remboursement de l'emprunt et la qualité du produit.

Un projet connexe, production de Fruits et Légumes commence par la plantation en très grande quantité, des arbres fruitiers et des légumes, sur tous les périmètres irrigués rendus cultivables par la présence de l'eau douce. L'Afrique produirait ainsi, les quantités d'aliments nécessaires à la sécurité alimentaire du continent et à la réduction significative des importations d'aliments.

Recommandation 1 :

Création du G55 AFRIQUE EAU DOUCE : 55 000 hommes soit 1000 par pays

Un emprunt de 94 milliards d'euros sur une durée pérenne de 50 ans, auprès de la Chine, à travers le partenariat privilégié avec l'Afrique.

Une mobilisation générale pour l'eau douce.
Un seul projet pour sortir toute l'Afrique de la famine, de la pauvreté, de la massive importation des aliments et de l'assistanat.

Part II de la stratégie

La seconde urgence est la collecte, le traitement et le recyclage des déchets urbains

Nous sommes en présence d'un problème de santé publique. Il suffit de parcourir nos grandes villes pour s'en convaincre. Dès lors, on n'est pas surpris de l'épidémie de choléra ou de typhoïde à Kinshasa ou de la prolifération des rats (de cimetière) à Brazzaville.

Construction des usines de traitement des déchets urbains dans toutes les grandes villes d'Afrique.
La taxe "déchets urbains" sera prélevée sur chaque ménage ou citoyen pour rentabiliser cette activité écologique, à faire gérer par les jeunes en entreprise.

Recommandation 2 :

La seconde urgence est la collecte, le traitement et le recyclage des déchets urbains.

La création des emplois par l'installation de ce business de collecte, de traitement et de recyclage des déchets de chaque ville d'Afrique

Une poussée de l'écologie, au niveau mondial et partagée à tous.

Une citoyenneté planétaire, mondialisée, par l'écologie.

Part III de la stratégie

La production écologique, abondante et bon marché de l'électricité au regard du potentiel énergétique du continent; le transport et la distribution de l'électricité sur le continent

Refuser d'importer le danger nucléaire sur le continent, afin d'éviter la prolifération du "feu nucléaire" et sa possession dans un "moment de folie", par des gens radicalisés !

La disponibilité permanente de l'électricité partout dans le continent comme une des conditions de l'émergence, à l'horizon 2025.

L'Union Africaine, dans l'atteinte de ses objectifs de réalisation des conditions amenant à l'émergence de l'Afrique, a retenu comme troisième condition et priorité, la production abondante et bon marché de l'électricité propre et écologique, à travers :

- la construction de tous les barrages hydroélectriques,
- la valorisation du GNL par la construction des centrales à gaz
- l'implantation des centrales à énergies renouvelables et
- la mise en place du maillage HT/THT de l'ensemble du continent.

Les énergies renouvelables, y compris l'hydroélectrique, restent la solution simple et rapide d'un développement accéléré et harmonieux, qui se fonde sur une source d'énergie propre et pérenne ad œternam.

La valorisation du Gaz, torché sur les plateformes et en réserve.
Ce projet consiste à liquéfier le gaz, actuellement torché et en réserve de sous-sol, à le stocker en grande quantité, puis à :
- Exporter. Il sera construit des ports méthaniers ainsi que les aires de stockage à grande capacité pour faciliter le stockage et l'exportation du gaz liquéfié. Les études se pencheront aussi sur les possibles contrats d'achat du gaz comme mode de garantie des investissements.
- Consommer localement dans le continent. Les industries de mise en bouteille du gaz ménager et industriel, seront montées et les conditions de distribution et de commercialisation bon marché seront formalisées. Ces industries seront vendues à des privés pour garantir l'emprunt mais aussi pour faire émerger l'économie par la diversification.

L'énergie nucléaire, en plus d'être un luxe très onéreux, est une mise en danger de la vie des populations. Un crime contre l'Afrique, en y créant une centrale-poubelle nucléaire, si nous ne faisons pas attention. Une grave négligence volontaire du gigantesque potentiel énergétique du continent.

Le nucléaire requiert une précision d'horloger dans son programme d'entretien et exige un haut niveau de conscience (individuelle et collective) de l'organisation sociale du travail, que nos pays ont encore de la peine à atteindre.

Recommandation 3 :

Toute l'Afrique peut prétendre à une électricité écologique et renouvelable (solaire, éolienne, marine, hydroélectrique et hydrolienne), au regard de son gigantesque potentiel énergétique.

L'Europe démantèle ses centrales nucléaires et voudrait les vendre à l'Afrique. Pourquoi le continent importerait-il le danger de l'option nucléaire, au risque même de se faire livrer une centrale-poubelle nucléaire, où seront stockés les déchets des autres, à défaut de les avoir envoyés dans l'espace ?

- Projet production d'électricité abondante et bon marché pour toute l'Afrique
- Projet valorisation GNL production électricité (gaz domestique) et exportation
- Projet de raffinage des minerais avant exportation
- Foire aux projets "Production et Transport d'électricité dans toute l'Afrique".

Part IV de la stratégie

Raffiner localement les minerais (fer, cuivre, aluminium, pétrole brut,...) sur les sites d'extraction.

Il s'agit d'initialiser sur les sites avoisinants le gisement, le processus de traitement des minerais.

Du minerai de fer à l'acier localement : le Gabon et le Congo pourraient acquérir ensemble les hauts fourneaux, les laminoirs et les aciéries afin de raffiner sur site 15 à 25 % du minerai extrait, dans un horizon de cinq ans, et atteindre 50 % en 2025.

Ces industries comprendront des hauts fourneaux et des laminoirs nécessaires au traitement des minéraux de fer, extraits du gisement de Mayoko et de la production de l'acier. La Zambie souhaite porter à 50 %, sa capacité de production du cuivre raffiné localement.

La RD Congo sera soutenue afin de s'équiper des matériels et équipements nécessaires à la transformation du cuivre à Lubumbashi.

La bauxite du Cameroun et de la Guinée Conakry, sera par l'électricité abondante et bon marché, raffinée à 90-95 %.
L'installation des industries à base d'acier, notamment les chaines de montage de tout type (voitures, locomotives, wagon, de train, etc....).

Le projet a pour objet d'installer durablement les industries à base de fer et d'acier pour la production locale de tout type de matériel et d'engin à partir de l'acier bon marché du Congo et du Gabon, et à partir du cuivre de la Zambie et la RD Congo.

L'agence Spatiale FUNSU ZINGA sera l'objectif ultime des industries à base de l'acier, pour les coûts les plus bas au monde, grâce à la présence d'une électricité très bon marché.
L'Afrique entre dans l'ère spatiale.

Part V de la stratégie

L'économie du savoir, l'économie de la santé et l'économie du numérique

L'économie du savoir, l'économie de la santé et l'économie numérique ou la construction de :
- deux à dix pôles universitaires par pays
- un CHU et un "Medical Clinic Center" mitoyens à chaque pôle universitaire, pour élargir l'offre de santé et valider l'assurance maladie universelle.
- un immeuble, par pôle universitaire, abritant le centre d'incubation des entreprises et des START-UP.

Recommandation 4 :

- Amener la fibre optique dans tous les pays africains
- Câbler toutes les villes d'Afrique très haut débit, 10 à 100 Mbit/s
- Attribuer dans l'immédiat des bourses de formation (100 / pays / an durant 5 ans) pour combler les déficits
- Construire les pôles universitaires par pays

- Construire les CHU et les "Medical Clinic Center" mitoyens des pôles universitaires pour accroitre l'offre de santé et valider l'assurance maladie universelle.

Pour tenir compte de l'urgence et du partenariat privilégié, la Chine préfinancera 5500 bourses par an et sur cinq ans (soit 100 bourses /pays /an) dans les universités de Chine et dans les universités africaines.

2019 / 2020

- Projet "bourses de formation des jeunes de tous les pays d'Afrique"
- Projet "construction des pôles universitaires par pays"
- Projet "échange des étudiants et des chercheurs"

Part VI de la stratégie

L'électrification des Chemins de fer existants et la réalisation des nouvelles voies

L'état actuel

Ce projet à plusieurs variantes permettra de
- mettre l'écartement des rails des voies actuelles aux normes internationales, autorisant ainsi, l'achat du matériel roulant chez n'importe quel constructeur dans le monde entier
- réaliser l'électrification des chemins de fer en utilisant notre potentiel énergétique produit par l'ensemble des barrages hydroélectriques, centrales à gaz et autres
- de construire de nouvelles voies de chemin de fer, longues de 1500 Km. L'exemple, allant de Pointe Noire à Bangui et à Kinshasa (via le pont route/rails du port de Maloukou)
- le réseau des lignes nouvelles de la RD Congo, sans oublier la réhabilitation de l'existant.

> Le tracé des nouvelles lignes, la construction des voies électriques et des gares sont l'objet principal du présent projet. Les nouvelles lignes sont :
> - Ligne Nord Ouest, 3 600 km ; Kinshasa / Bandundu / Lisala / Gbadolité / Zongo
> - Ligne Nord Est, 4 000 km ; Kinshasa / Bokungu / Kisangani, Bonalia, Buta, Juba
> - Ligne Est, 3 500 km ; Kinshasa / Kananga / Kindu / Bukavu / Goma / Kigali
> - Ligne Sud, 3 500 km ; Kinshasa / Kenge / Kikwit :Tchikapa / Kamina / Lubumbashi
> - Ligne Ouest, 600 km ; Kinshasa / Brazzaville / Pointe Noire, via le pont-route rails
> - Ligne Sud Ouest, 1 500 km ; Kinshasa / Luanda

Uniquement en l'Afrique centrale le besoin est de 50 000 km. de voies ferrées à construire, peut-être 100 000 km pour toute l'Afrique. Une occasion de demander à la Chine de monter/assembler les locomotives/wagons sur le continent.

Part VII de la stratégie

Le ciel unique africain et l'ouverture du marché du transport aérien en Afrique

La construction du ciel unique et l'ouverture du marché du transport aérien en Afrique.

- le Président en exercice de l'UA conduira solennellement à Alger en juillet 2018, la réunion de tous les fournisseurs de services Navigation aérienne du continent, qui aboutira aux accords sur le Projet d'interconnexion et d'interopérabilité de tous les réseaux des ANS PROVIDERS
- la réunion se prononcera sur le Projet équipement des aérodromes secondaires de tous les pays d'Afrique, pour combler une fois pour toutes, les trous de couverture de sécurité aérienne et absorber l'absence de compétences remarquées au sein des DACs
- le projet d'un satellite (commun dédié aux télécommunications aéronautiques) sera discuté et validé pour servir de base solide à la construction du ciel unique africain, à travers l'interconnexion et l'interopérabilité (et même la fusion) des ANS PROVIDERS du continent.

Le président en exercice réunira les experts pour faire avancer (donner une vraie impulsion) l'ouverture du marché du transport aérien en Afrique sur les projets ci-après :
- Projet "pôles de leasing des avions"
- Projet "centre de maintenance des avions, certifié"
- Projet "modification de la législation des pays pour la validation de l'ouverture du marché du transport aérien"
- Projet "fonds de financement du leasing des avions"
- Projet "assurances avion sur le continent"

Recommandation 5 :

Tous les modes de transport sont à implémenter avec des concepts modernes :
- en Afrique centrale, le transport ferroviaire électrifié, au départ du centre que constituent Brazzaville et Kinshasa, à destination de toutes les capitales de la zone CEEAC (Luanda, Lusaka,
Bujumbura, Kigali, Juba, Bangui, Yaoundé, N'Djamena, Pointe Noire et Libreville).

Une rentabilité assurée par le déplacement des 140 millions d'habitants, permettant le remboursement de l'emprunt.
La possibilité de demander à la Chine de monter les ateliers d'assemblage des locomotives/wagons sur le continent africain et notamment en aidant à raffiner localement le fer du Gabon et Congo et le cuivre du Katanga.

- Le transport fluvial sur le fleuve Congo pour les trois pays concernés (RCA, RD Congo et R Congo et en produisant au passage 10 GW sur chaque rive du fleuve, avec des hydroliennes posées sur les berges aux endroits non navigables du fleuve

- l'aviation civile ou la zone de libre échange économique vient d'élargir l'horizon aux projets tels

1. Les projets de mise en œuvre du ciel unique africain

Projet "Interconnexion et interopérabilité des réseaux" de tous les fournisseurs de services de navigation aérienne en Afrique
- ✓ *Le premier pas du ciel unique, est faire dialoguer, au niveau technique, tous les réseaux des différents ANS PROVIDERS du continent.*
- ✓ *L'ASECNA et ATNS ont commencé un programme commun, à étendre aux autres (Nigeria, Angola, RD Congo, Maghreb)*

Projet équipements des aérodromes secondaires de tous les pays africains

Projet de formation et de renforcement des capacités du personnel des DACs
- ✓ Résorber les trous de sécurité aérienne découlant de l'insuffisance des équipements dans les aérodromes secondaires
- ✓ Former suffisamment le personnel des DACs afin de diminuer les zones de non-compétence.

Projet satellite télécommunications aéronautiques pour le ciel unique africain

Projet fibre optique d'interconnexion de tous les aéroports du continent

- ✓ Un projet commun, un réseau de satellites pour toutes les télécommunications aéronautiques du continent
- ✓ Le satellite commun + le satellite du NIGERIA en secours 1 + le satellite de l'Angola en secours 2
- ✓ La fibre optique d'interconnexion de tous les aéroports du continent en secours 3

FUNSU NZINGA, base de lancement des fusées ou l'industrie spatiale en Afrique

- ✓ Extraction du minerai de fer et d'aluminium à 300 km (Mayoko, Owendo, Mfouati) de la base de lancement
- ✓ Raffinage du fer, de l'aluminium et de l'or, sur des sites à proximité des gisements d'extraction
- ✓ Production d'électricité, écologique, abondante et bon marché dans un rayon de 500 km de la base de lancement, 1200 MW de Kouilou Sounda, 3000 MW de 10 centrales à gaz, 2 GW de INGA III
- ✓ Industries à base d'acier
- ✓ Fabrication des satellites

CENTRE D'ENTRAINEMENT DES COSMONAUTES en Afrique

- ✓ Au Tibesti tchadien, Faya Largeau et à SARAYA / Kédougou (Sénégal)

2. Projets de l'ouverture du marché du transport aérien en Afrique

Projet fibre optique d'interconnexion de tous les aéroports du continent

30

- ✓ L'échange des données de sécurité et de sureté,
- ✓ La fourniture et l'installation des nouveaux "control X" des bagages, avec étiquetage en reconnaissance faciale du passager
- ✓ Projet Navigation par Satellite – GNSS. La navigation par satellite concerne aujourd'hui tous les modes de transport. Sa mise en œuvre sur le continent avait déjà été actée par l'UA.

Projet pôles de leasing des avions

Projet centre de maintenance des avions, certifié
Projet fonds de financement du leasing des avions

Projet assurances des avions sur le continent
- ✓ Le marché de l'avion (leasing, maintenance, assurances, appui au financement)
- ✓ Présence de fortes perspectives de croissance, notamment dans la conservation des plus-values des assurances avion en Afrique

Projet modification de la législation des pays pour la validation de l'ouverture du marché du transport aérien en Afrique

Élaborer une seule législation, en fusionnant les textes (épars) de chaque état, pour faciliter et fluidifier le trafic aérien du continent, en se passant des lourdeurs administratives des DACs

Projet de construction des infrastructures commerciales complémentaires pour Maya, l'extension de l'aérogare, le village aéroportuaire et la clinique des urgences aéroportuaire

31

pour Agostino Néto, la zone fret aérien, l'hydrant, et la clinique des urgences afin d'accroitre les recettes domaniales de la concession.

Les tarifs des services aériens, rendus par le concessionnaire seront revus à la baisse pour atteindre les prix "low cost" ces billets passagers sur le continent.

Projet des raffineries dans tous les pays producteurs du pétrole brut.

- ✓ Le prix du kérosène reste une dépense élevée dans les coûts d'exploitation des compagnies aériennes
- ✓ Les pays d'Afrique, producteurs peuvent fournir un carburant peu cher (-21 %) en disposant des raffineries

Projet absence de visa et passeport commun unique pour les Africains (acté le 21 mars 2018 à Kigali)

Free Moving - Free Seating - Free Trading sans visa pour les Africains ou passeport commun unique, pour toute l'Afrique comme une condition de libre circulation des personnes et des biens dans la ZLEC

3. Projets de flight simulateur dans les 55 aéroclubs du continent

4. Projet de l'école de pilotage à proximité du centre de maintenance avion

5. Projet de l'université de la météorologie des pays du bassin du Congo (université privée)

- ✓ L'agro météorologie et toutes les branches de la météorologie connectée à l'Agence Spatiale à Libreville

6. Projet des métiers du Transport aérien, à proximité du pôle de leasing des avions

7. Projet clinique d'urgence des aéroports et flotte des avions médicalisés

Part VIII de la stratégie

Conservation des écosystèmes forestiers

Pris globalement, la deuxième richesse des pays de l'Afrique Centrale (CEEAC) sera la capacité à conserver les écosystèmes forestiers intacts pour les générations futures.
Le but est d'accepter la conservation des forêts comme la richesse de demain.

L'élan de conservation de la forêt, des écosystèmes du bassin du Congo et de l'environnement va nous amener à réduire (15 % par an et durant cinq années successives) la coupe des arbres. Le bois sera de moins en moins prélevé dans les forêts, jusqu'à 75 % à l'horizon 2025, pour le bonheur de notre pharmacopée traditionnelle et pour le bien des générations futures.

Durant cinq ans, l'importation des voitures/véhicules électriques sera taxée à un forfait de 5 % (CAF) pour encourager les citoyens à changer leurs voitures/véhicules à combustible fossile; par des modèles nouveaux respectueux de l'environnement et du climat. Des propositions des chaines de montage sont attendues.

Recommandation 6 :

L'Afrique peut encore conserver ses écosystèmes forestiers et en tirer profit dans 50 / 100 ans.
L'Afrique peut passer d'ores et déjà et directement, aux voitures et trains électriques, sans attendre d'atteindre des seuils critiques de pollution.
Avec la présence de l'eau douce dans les terres arides du continent, suite au projet G55 AFRIQUE EAU DOUCE, on peut reboiser le Sahel et mettre fin à la famine, à la guerre de l'eau et à la pauvreté.

UNION AFRICAINE

Résolution n°   xxxx / 2019   du
(portant introduction des voitures électriques en Afrique
dans le parc-autos national public/privé, en remplacement
des modèles à combustion fossile)

Les CHEFS D'ÉTAT

Vu le Traité instituant l'Union Africaine.
Vu les objectifs du millénaire fixés par le NEPAD
Vu les contraintes de la lutte contre la pollution par les
émissions de CO_2
Vu les nécessités

DÉCIDENT

Article premier ; Au regard des changements climatiques
observés et dans l'objectif de conserver les écosystèmes
forestiers et de réduire la pollution de l'air dans notre pays,
l'importation des voitures électriques en Afrique, dans le
parc-autos national public et privé est encouragée par un taux
douanier préférentiel à 5 %, en remplacement des modèles à
combustion fossile polluante.

Article 2 : Toute nouvelle importation, des voitures et
berlines anciens modèles à combustion fossile, publique ou
privée, est interdite à compter du 1er janvier 2020.
Une exception sera observée pour les Engins, Camions et
véhicules de chantier.

Article 3 : La présente résolution, qui abroge toutes dispositions antérieures contraires, sera enregistrée et publiée au journal officiel de tous les états membres.

Fait à Addis Abeba, le

Ont signé

Le Président en exercice de l'UA

Les CHEFS d'ÉTAT

Recommandation 7 :

Nouvelles mesures de conservation des écosystèmes maritimes, de traitement des déchets urbains pour limiter la pollution de l'océan.

État de la société

La mer dans notre pays a été dévastée et souillée, jusqu'à 75 % de nos réserves.

Elle a été pillée de sa faune jusqu'aux fretins, y compris dans les fonds marins.

Les nationaux sont marginalisés de cette activité et les pêcheurs ruraux sont désespérés car personne ne les écoute, surtout pas les fonctionnaires du ministère délivrant les permis/licence de pêche aux étrangers.

Impact de la mesure

Stopper net le pillage de la faune halieutique et la destruction des écosystèmes maritimes

Ramener les masses et les surfaces exploitées à 25 % des autorisations actuelles

Freiner les impacts du changement climatique par l'observation d'une période (durée à convenir) d'interdiction de la pêche pour permettre le renouvellement des ressources.

Les urgences du changement climatique

Nous devons désormais, surveiller avec les moyens modernes, l'exploitation des ressources halieutiques de la mer.

La surexploitation et la dévastation de la mer met en péril la survie de la faune, de la flore et même de l'espèce humaine.

Les permis de pêche sont délivrés aux grands groupes, notamment, chinois, qui exploitent dans les eaux nationales, H24 - J30 et A365 et avec des explosifs (dynamite, grenade) et des filets de mailles très fins, raclant tout, tout !

Les quantités des déchets urbains déversés dans les rivières, dans la mer et dans le fleuve Congo sont si énormes, qu'ils les transforment, petit à petit, en poubelles marécageuses.
La mise en place des centres de traitements des déchets urbains de nos villes (et par conséquent des centres de production du biogaz) est une urgence écologique.

UNION AFRICAINE

Résolution n°   xxxx / 2019   du
(portant sur la conservation des écosystèmes forestiers en Afrique)

Les CHEFS D'ÉTAT

Vu le Traité instituant l'Union Africaine.
Vu les objectifs du millénaire fixés par le NEPAD
Vu les contraintes de la lutte contre la pollution par les émissions de CO2
Vu les nécessités

DÉCIDENT

Article premier ; Au regard des changements climatiques observés et dans l'objectif de conservation des écosystèmes maritimes dans notre pays, toutes les autorisations de/permis de pêche dans les eaux nationales sont annulées.

Article 2 : Tout exploitant pour la pêche maritime est soumis au renouvellement de son autorisation d'exploitant maritime aux nouvelles conditions suivantes :
- La réduction à 25 % du volume total des prises, anciennement autorisé
- La réduction à 10 % des superficies, anciennement autorisées

Article 3 : Tout exploitant en pêche maritime est soumis, avec le concours des services de l'état habiletés, à procéder à la réduction des espèces prélevées, dans les mêmes sites selon la cartographie des prises.

Article 4 : Tout usage d'explosif (dynamite, grenade) est interdit. Le respect de la période d'interdiction de la pêche pour trois mois chaque année, est obligatoire afin de garantir le renouvellement de la ressource halieutique.

Article 5 : les pénalités d'infraction vont jusqu'à la confiscation du matériel et bateau utilisés.

Article 6 : l'état fait obligation, à toute agglomération urbaine d'initialiser son plan de traitement de déchets / ordures ménagères jusqu'à la construction d'un centre de tri / traitement et recyclages.

Article 7 : La présente résolution, qui abroge toutes dispositions antérieures contraires, sera enregistrée et publiée au journal officiel de tous les états membres.

Fait à Addis Abeba, le

Ont signé

Le Président en exercice de l'UA

Les CHEFS d'ÉTAT

Part IX de la stratégie

Les pays d'Afrique et les armes de guerre

Les armes de guerre ou "<u>les vaches maigres qui dévorent les vaches grasses</u>", dans le rêve de pharaon, interprété par Joseph.

Les bénéfices engendrés par l'activité économique et surtout la vente de minerais, ont été engloutis dans l'achat des armes de destruction massive qui n'ont pas servi ;
Les armes de Kadhafi se sont dispersées dans le sahel à sa mort, pour le terrorisme ;
Les mines anti personnelles posées par SAVIMBI continueront à couper des jambes ;
Les MIG de l'armée angolaise et égyptienne sont rouillés au sol, par défaut d'ennemi et de restriction budgétaire ;
Le nouveau président du ZIMBABWE, à peine au trône, achète des armes en quantité dans un pays où le chômage frôle les 45 % ;
Le président IDRISS DEBY ITNO du Tchad a troqué les fonds réservés aux futures générations pour acheter les armes, vaincre son opposition et s'affirmer comme une

puissance militaire au sein du G5 SAHEL. Il n'a pas pu résoudre l'épineux problème de l'assèchement (90 %) du lac Tchad, qui engendre la guerre de l'eau au Nord Nigéria et en Centrafrique.

Une œillère de l'ancienne échelle des valeurs. La puissance des nations à travers leurs capacités de destruction

La nouvelle humanité qui est en train de naitre est celle de :
- la qualité de vie,
- la réduction de la pollution de l'air
- la collecte, le traitement et le recyclage des déchets urbains et surtout des métaux
- le nettoyage des mers, océans et rivières (et fleuves) afin d'éviter de les transformer en d'immenses poubelles marécageuses
- le réensemencement des mers et océans (rivières et fleuves) et des forêts, par des espèces en surconsommation ou en voie de disparition
- l'élevage du poisson et des animaux est une urgence de sécurité alimentaire
- la production d'eau douce (par dessalement d'eau de mer) et son transport dans les terres arides de l'intérieur de l'Afrique sont une nécessité et un besoin basique afin de planter les arbres fruitiers et les légumes, en très grande quantité.

Nous venons de dépasser le seuil de régénération naturelle des ressources. La pratique (de la cueillette, de la chasse et de la pêche) est à sa fin, par épuisement des ressources. Il faut désormais cultiver, recycler, nettoyer et conserver.

Recommandation 8 :

L'Afrique reste le continent de l'avenir de l'Humanité, si ses dirigeants s'abstiennent de se doter des armes de guerre en très grande quantité.

Le Président Abdel Fatah Al SISSI a signé le contrat d'achat des avions de chasse et divers systèmes de sécurité. Ces deux milliards d'euros auraient pu être mis au profit des usines de dessablement d'eau de mer (port Soudan en mer rouge) et du transport de l'eau douce jusque dans le désert d'Égypte en réalimentant au passage, le Nil, en petites doses journalières (à la frontière sud, monuments de Nubie).

L'armée sera chargée de mener cette tâche titanesque/pharaonique, d'apporter l'eau dans tout le désert égyptien et de planter les arbres fruitiers et les légumes de la prospérité.

La guerre de l'eau douce, avec le Soudan et l'Éthiopie, sera évitée.

Les usines de dessablement d'eau de mer de Ziguinchor mettra fin au conflit en Casamance (redevenant le grenier et la forêt du Sénégal) et réalimentera à Sikasso, le fleuve NIGER..

Le président Mnangagwa a signé le contrat d'achat des armes. Ces fonds auraient pu être profit du contrat conjoint avec le Mozambique, de production d'eau douce, par dessalement d'eau de mer, et son transport dans les terres arides du Zimbabwe et du Botswana.

Les jeunes au chômage (45 %) retrouveront une activité et il pourra prétendre rester au pouvoir, sans l'usage des armes.

Quels fantômes (ou démons) hantent les nuits des dirigeants africains, les inclinant sur la "sécurité armement", devant les choix de sécurité alimentaire, de survie des populations et d'essor de l'économie ?

Pourquoi les choix conduisant à la destruction massive de l'espèce humaine, l'emportent encore, dans un monde de plus en plus globalisé, où les pires ennemis d'hier (Français et Allemands) s'accordent pour bâtir ensemble ?

Qui veut la paix, ne prépare pas la guerre, mais contrairement à cette posture mentale du fond des âges, réunit les conditions de préservation de la paix, y compris le partage des richesses de la planète par une gouvernance sociale, globale et solidaire du monde.

Part X de la stratégie

L'intangibilité des frontières héritées et la part des conflits sans fin

Un état "Touareg" comme la Suisse, dans les sables du Sahel : Une solution politique

Le G5 Sahel parviendra avec la force et les moyens mis en jeu, dans la durée, à réduire le terrorisme islamique dans la zone, mais ne pourra pas empêcher la survivance larvée (et rampante) des attentats. Il faut prendre en compte l'existence des stocks d'armes venus de Libye et disséminés dans les caches du désert (de la Mauritanie au Niger).

Une solution politique serait souhaitable.

SOMALIE LAND
Malgré les indicateurs (de paix, de développement et de démocratie) plus probants que ceux du Sud Soudan, après leurs indépendances, la SOMALIE LAND mérite une reconnaissance internationale de sa souveraineté, une sorte de MONACO / Luxembourg.

Recommandation 9 :

Le désert du Sahel a toujours été "touareg" depuis des millénaires. Le tracé des frontières des indépendances des années 60, est une anomalie historique qui les a privés de leur liberté sur leurs terres.

Et pourquoi pas, un état comme la SUISSE, sans armée, pour les touaregs de l'AZAWAD ?

Le G5 Sahel, après ses résultats du front de guerre, devra se muer en embryon du nouveau G55 AFRIQUE EAU DOUCE.

Le G55 AFRIQUE EAU DOUCE va donner une visibilité de développement, propre et durable, à travers le projet production et transport d'eau douce (après dessalement d'eau de mer) jusque dans les terres arides de l'intérieur de l'Afrique, et prioritairement les terres du Sénégal, de la Mauritanie et de l'AZAWAD.

Le pouvoir d'achat des Africains est très faible au point où ils ne peuvent se permettre d'acheter des armes. Les armes utilisées en Afrique, quel que soit le conflit, ont été achetées au budget d'un état donné. Par des tours de passe-passe, ils échappent à leur confinement républicain vers des caches privés (opposition et/ou majorité) d'où elles vont semer mort et désolation des populations civiles, victimes innocentes des négriers d'un nouveau genre.

Part XI de la stratégie

L'émergence par l'industrie spatiale

Base de lancement de Madingou Kayes
FUNSU N'ZINGA

Stratégie d'émergence par l'industrie spatiale

- Production locale, abondante et bon marché de l'électricité
- Raffinage des minerais (fer, bauxite, or, pétrole brut), au plus près des gisements. Les coûts les plus bas.
- Fabrication des fusées et des satellites, à proximité des sites de raffinage
- Base de lancement mitoyen (moins de 200 km, des usines de fabrication
- 5 ans de vols spatiaux, longue durée – 3/6 mois, en pilotage automatique par des robots, propulsés au nucléaire
- Construction du centre d'entrainement des cosmonautes de Faya Largeau (Tibesti).
- 5 ans d'entrainement et de formation de nos premiers cosmonautes.

Concepts nouveaux proposés

La globalisation des causes et des effets induits des nouveaux concepts tels que

L'écologie morale :

Reprendre les fonds, planqués par les dirigeants africains dans les paradis fiscaux et vendre de facto leurs biens immobiliers (accumulés dans des pays tiers) dont la valeur dépasse un million d'euros, et affecter ces sommes dans le projet PRODUCTION D'EAU DOUCE, en les conservant à 10 % parmi les actionnaires des sociétés de gestion des infrastructures mises en place par lesdits fonds, relève plus de la morale que du droit.

Une sorte de morale écologique au niveau mondial, rendu possible par la traçabilité et la transparence des flux financiers, quels que soient leur nature, leur montant et leur destination, pour résorber les carences du système actuel.
Une autre forme d'intelligence économique par prévention et réparation des failles à l'origine des grandes misères.
Le concept de guerre économique cède sa place à l'écologie morale, à la justice économique solidaire ou encore à l'interdépendance intelligence économique.

5300 milliards de FCFA (environ 8 milliards d'euros) dans les comptes de six personnalités africaines au Canada. Non-assistance à peuple en danger, par dilapidation de ses biens publics par ses propres dirigeants. Complicité et participation à une entreprise criminelle ayant abouti à des crimes économiques et financiers contre un pays / un peuple.

Ingérence économique ou la gouvernance sociale globale du monde

Le remplacement des voitures modèles à combustion fossile par des voitures électriques est un bel exemple d'ingérence économique pour des raisons de lutte contre la pollution de l'air, le changement climatique et la pauvreté.

Une garantie est posée par le Ministère des Finances dans une banque (extérieure) et/ou dans les pays concernés ; chaque fois, qu'un client souscrit le prêt VOITURE ÉLECTRIQUE auprès de la banque locale, le fabricant et son concessionnaire sont payés immédiatement.
Le prêt (24/36 mois, sans apport 20 euros/jour soit 600 euros/mois, TTC 14 400 à 21 600 euros) sera recouvré par la banque locale à un taux ne dépassant pas 10 %, chaque jour à travers un paiement en mobile money / Airtel money ou versement cash journalier.
Près de 55 000 voitures électriques par année dans toute la ZLEC.

Pour aider à favoriser la fin des hostilités, le Président en exercice de l'UA (seul ou accompagné d'un autre Président, français ou chinois), débarque avec les présentes solutions et une contrepartie en cession de brut :

- robot construction pour un programme de 50 000 logements sociaux (avec tuiles solaires) par an, dans le pays
- reconstruction de l'aéroport (aérogare, bloc technique, hôtel de l'aéroport 250 chambres, clinique des urgences aéroport, salle de conférences internationales, zone de fret
- introduction massive des voitures électriques (2000/an) et des bornes électriques (3 à 10 KWh) multi sources, au Soudan.
- vaccination généralisée et assurance maladie universelle aux frais de l'état du Soudan durant les 5 années suivantes.
- réhabilitation des écoles avec installation d'un serveur et de 50 liseuses par salle de classe fonctionnant à l'énergie solaire produite par les tuiles solaires des toitures.

Ne rien faire, ne fera qu'empirer les choses
Une sorte de gouvernance sociale, globale et solidaire du monde

La territorialité numérique

La BOX UNIVERSEL, combinaison du freebox/livebox et du phone THURAYA, permettra d'assurer la territorialité numérique à tous.
Ainsi quelque soit ma position momentanée sur la surface de la Terre, un citoyen aura accès à tous les services de son territoire d'origine, à peu près au même coût en ajoutant des frais très réduits de roaming.

La connexion internationale pour ne pas pénaliser les entreprises et les citoyens, en cas de restrictions nationales.

La BOX ordinaire trouvera bien sa place là où les conditions de prestation en fibre optique seront réunies.

Une nécessaire interdépendance des économies
Guerre économique à l'opposé de l'intelligence économique interdépendante

Les armes de guerre ou "<u>les vaches maigres qui dévorent les vaches grasses"</u>, dans le rêve de pharaon, interprété par Joseph.

Les bénéfices engendrés par l'activité économique et surtout la vente de minerais, ont été engloutis dans l'achat des armes de destruction massive qui n'ont pas servi.

Annexes

Manifestation d'intérêt

Plan "XiJi" pour l'Afrique

TDR projet eau douce

Manifestation d'intérêt

Appel à contribution et Appel à projets

I. Objectif stratégique de développement durable visé :

L'Union Africaine recherche des partenaires pour la mise en place des projets ci-dessus énumérés pour répondre aux enjeux du développement durable et de l'émergence en 2025.

II. Les enjeux et défis par ordre de priorité

Priorité ou Enjeu n°1 :

L'Union Africaine dit que l'urgence et la priorité absolue de toute l'Afrique sont :

La production d'eau douce, par dessalement d'eau de mer, et son transport jusque dans les terres arides de l'Afrique, notamment la zone sahélo-sahélienne restera le projet de base (urgent et prioritaire), avec des grandes plus-values, pour toute l'Afrique.

Pour l'Afrique centrale

- De Kribi au lac Tchad, de N'Gaoundéré à Juba (Sud Soudan), un tracé de l'eau, mitoyen au réseau pipeline transportant le pétrole brut de DOHA à Kribi. Une réalimentation, à petite dose journalière, du lac Tchad, jusqu'à son niveau d'antan.

Les terres arides du sud du Tchad, du nord Cameroun, du nord de la Centrafrique seront rendues cultivables, en fruits et légumes, par la présence de l'eau douce

- de Lobito jusque dans les terres arides du Sud de l'Angola.

Pour l'Afrique de l'Ouest :

- de Nouadhibou à Kidal, à Tombouctou et à Agadez
- de Nouakchott à Mopti, où le fleuve NIGER sera réalimenté en eau douce, à petites doses journalières
- de Saint Louis à Kayes, où le fleuve SÉNÉGAL sera réalimenté en eau douce, à petites doses journalières
- de Kaolack à Kédougou/Saraya, afin de cultiver la totalité des terres du Sunugal
- de Ziguinchor (afin de cultiver la totalité des terres de Casamance) à Sikasso où le Djoliba sera réalimenté en eau douce, à petites doses journalières
- de San Pedro à Bobo Dioulasso, en arrosant les terres du nord de la Côte d'Ivoire et du sud du Burkina Faso (de Tabou à Taï, samatiguila puis Manankoro, de Grand Lahou à Daloa puis Korhogo puis à Ouangolodougou)
- de Newtown à Kotouba puis à Gaoua et à OUAGADOUGOU)
- de Cotonou, à Malanville, à Tillabéry à Agadez, en arrosant les terres du sud du Niger. Le fleuve NIGER sera réalimenté en eau douce, à petites doses journalières à Tillabéry.
- de BODOGRI, Shaki, Kalomo, Koko, Tambawell, Sokoto va ancrer définitivement le NIGERIA dans le projet, avec ses dérivations, Sokoto – Dosso- Niamey, Dosso – Zinder - Diffa et SOKOTO – Kitsna – Maiduguri- Lac Tchad.

Pour l'Afrique de l'Est

- de Djibouti (et Somalie Land) en Éthiopie (et Érythrée) jusqu'au Soudan), afin de cultiver la totalité des terres de l'Est de l'Afrique où la famine et la sécheresse sévissent régulièrement
- de Mombassa, jusque dans les terres du Nord Kenyan, Sud Soudan

- de Maputo au Matébélé Land, afin d'arroser les terres sèches du Zimbabwe.

Pour l'Égypte
D'Alexandrie, en irriguant goutte à goutte de long en large, les terres du désert jusqu'à la frontière sud, où le Nil sera réalimenté, à petites doses en douce.

Pour la Libye
De Benghazi, jusque dans les terres désertiques de Libye, les terres Toubous du Tibesti tchadien et aux confins d'Agadez (NIGER).

Pour l'Afrique australe
- de Walis Bey aux terres du Malawi et du Botwana et du désert du Kalahari
- de Durban, aux terres arides du Lesotho et du nord de la RSA.

Pour Madagascar
- de Toamasina à Ambrositra,
- de Mananjary à IHOSY
- d'ANDROKA à BFTSIOKY
- TSARATANANA) et Nord EST (BEFANDRIANA)

Une dette pérenne sur 50 ans pour atténuer les effets de la guerre de l'eau douce et diminuer la pauvreté par l'augmentation des périmètres irrigués et par conséquent la production des fruits et légumes.
La vente de l'eau remboursera l'emprunt à travers une société privée de gestion

Un seul projet pour sortir toute l'Afrique de la famine, de la pauvreté, de la massive importation des aliments de première nécessité et de l'assistanat.

La seconde urgence est la collecte, le traitement et le recyclage des déchets urbains

Nous sommes en présence d'un problème de santé publique. Il suffit de parcourir nos grandes villes pour s'en convaincre. Dès lors, on n'est pas surpris de l'épidémie de choléra ou de typhoïde à Kinshasa ou de la prolifération des rats (de cimetière) à Brazzaville, et à Lagos.

Construction des usines de traitement des déchets urbains dans toutes les grandes villes d'Afrique.
La taxe "déchets urbains" sera prélevée sur chaque ménage ou citoyen pour rentabiliser cette activité écologique, à faire gérer par les jeunes en entreprise.

Enjeu N°3 :
La disponibilité permanente de l'électricité partout dans le continent comme une des conditions de l'émergence, à l'horizon 2025.

L'Union Africaine, dans l'atteinte de ses objectifs de réalisation des conditions amenant à l'émergence de l'Afrique, a retenu comme troisième condition et priorité, la production abondante et bon marché de l'électricité propre et écologique, à travers :
- la construction de tous les barrages hydroélectriques,
- la valorisation du GNL par la construction des centrales à gaz

- l'implantation des centrales à énergies renouvelables et
- la mise en place du maillage HT/THT de l'ensemble du continent.

Les énergies renouvelables, y compris l'hydroélectrique, restent la solution simple et rapide d'un développement accéléré et harmonieux, qui se fonde sur une source d'énergie propre et pérenne ad aeternam.

La valorisation du Gaz, torché sur les plateformes et en réserve.

Ce projet consiste à liquéfier le gaz, actuellement torché et en réserve de sous sol, à le stocker en grande quantité, puis à :
- Exporter. Il sera construit des ports méthaniers ainsi que les aires de stockage à grande capacité pour faciliter le stockage et l'exportation du gaz liquéfié. Les études se pencheront aussi sur les possibles contrats d'achat du gaz comme mode de garantie des investissements.
- Consommer localement dans le continent. Les industries de mise en bouteille du gaz ménager et industriel, seront montées et les conditions de distribution et de commercialisation bon marché seront formalisées. Ces industries seront vendues à des privés pour garantir l'emprunt mais aussi pour faire émerger l'économie par la diversification.

Enjeu n°4 :
Mise en place dans les régions d'extraction des minerais, des industries de raffinage des minerais (fer, cuivre, aluminium, pétrole,...).

Il s'agit d'initialiser sur les sites avoisinants le gisement. le processus de traitement des minerais.

Du minerai de fer à l'acier localement : le Gabon et le Congo pourraient acquérir ensemble les hauts fourneaux, les laminoirs et les aciéries afin de raffiner sur site 15 à 25 % du minerai extrait, dans un horizon de cinq ans, et atteindre 50 % en 2025.

Ces industries comprendront des hauts fourneaux et des laminoirs nécessaires au traitement des minéraux de fer extraits du gisement de Mayoko et de la production de l'acier.

La Zambie souhaite porter à 50 %, sa capacité de production du cuivre raffiné localement.

La RD Congo sera soutenue afin de s'équiper des matériels et équipements nécessaires à la transformation du cuivre à Lubumbashi.

La bauxite, du Cameroun et de la Guinée Conakry, sera par l'électricité abondante et bon marché, raffinée à 90-95 %

L'installation des industries à base d'acier, notamment les chaines de montage de tout type (voitures, locomotives. wagon, de train, etc....)

Le projet a pour objet d'installer durablement les industries à base de fer et d'acier pour la production locale de tout type de matériel et d'engins, à partir de l'acier bon marché du Congo et du Gabon, et à partir du cuivre de la Zambie et la RD Congo.

L'agence Spatiale FUNSU ZINGA sera l'objectif ultime des industries à base de l'acier, pour les coûts les plus bas au monde, grâce à la présence d'une électricité très bon marché.

L'Afrique entre dans l'ère spatiale.

Enjeu n° 5
L'économie du savoir et l'économie numérique ou la construction de :
- deux à dix pôles universitaires par pays
- universités consacrées au développement durable pour les pays du bassin du Congo.
- un immeuble, par département, abritant le centre d'incubation des entreprises des jeunes et des START-UP.

L'Union africaine a décidé de mettre en chantier le Projet Fibre Optique en Afrique :
- Amener la fibre optique dans tous les pays africains
- De câbler toutes les villes d'Afrique très haut débit, 10 à 100 Mbit/s.

Enjeu n°6 :
La construction du ciel unique et l'ouverture du marché du transport aérien en Afrique
- le Président en exercice de l'UA à Alger en juillet 2018, la réunion de tous les fournisseurs de services Navigation aérienne du continent, qui aboutira aux accords sur le Projet d'interconnexion et d'interopérabilité de tous les réseaux des ANS PROVIDERS
- la réunion se prononcera sur le Projet équipement des aérodromes secondaires de tous les pays d'Afrique, pour combler une fois pour toutes, les trous de couverture de sécurité aérienne et absorber l'absence de compétences remarquées au sein des DACs
- le projet d'un satellite (commun dédié aux télécommunications aéronautiques) sera discuté et validé pour

servir de base solide à la construction du ciel unique africain, à travers l'interconnexion et l'interopérabilité (et même la fusion) des ANS PROVIDERS du continent.

En 2019 / 2020
Le président en exercice réunira les experts pour faire avancer (donner une vraie impulsion) l'ouverture du marché du transport aérien en Afrique sur les projets ci-après :
- Projet "pôles de leasing des avions"
- Projet "centre de maintenance des avions, certifié"
- Projet "modification de la législation des pays pour la validation de l'ouverture du marché du transport aérien"
- Projet "fonds de financement du leasing des avions"
- Projet "assurances avion sur le continent"

Enjeu n°7 :

L'électrification des Chemins de fer existants et la réalisa-ion des nouvelles voies.

Ce projet à plusieurs variantes permettra de
- mettre l'écartement des rails des voies actuelles aux normes internationales, autorisant ainsi, l'achat du matériel rou ant chez n'importe quel constructeur dans le monde entier
- réaliser l'électrification des chemins de fer en utilisant notre potentiel énergétique produit par l'ensemble des barrages hydroélectriques, centrales à gaz et autres
- de construire de nouvelles voies de chemin de fer, longues de 1500 Km. L'exemple, allant de Pointe Noire à Bangui et à Kinshasa (via le pont route/rails du port de Maloukou)

- le réseau des lignes nouvelles de la RD Congo, sans oublier la réhabilitation de l'existant.

> ➢ Le tracé des nouvelles lignes, la construction des voies électriques et des gares sont l'objet principal du présent projet. Les nouvelles lignes sont :
> - Ligne Nord Ouest, 3 600 km ; Kinshasa / Bandundu / Lisala / Gbadolité / Zongo
> - Ligne Nord Est, 4 000 km ; Kinshasa / Bokungu / Kisangani, Bonalia, Buta, Juba
> - Ligne Est, 3 500 km ; Kinshasa / Kananga / Kindu / Bukavu / Goma / Kigali
> - Ligne Sud, 3 500 km ; Kinshasa / Kenge / Kikwit :Tchikapa / Kamina / Lubumbashi
> - Ligne Ouest, 600 km ; Kinshasa / Brazzaville / Pointe Noire, via le pont-route rails
> - Ligne Sud Ouest, 1 500 km ; Kinshasa / Luanda
> - Autres lignes ;Katanga / Kassaï / Benguela

Enjeu n°8

Pris globalement, la deuxième richesse des pays de l'Afrique Centrale (CEEAC) sera la capacité à conserver les Écosystèmes forestiers intacts pour les générations futures.

Le but est d'accepter la conservation des forêts comme la richesse de demain

L'élan de conservation de la forêt, des écosystèmes du bassin du Congo et de l'environnement va nous amener à réduire (15 % par an et durant cinq années successives) la coupe des arbres. Le bois sera de moins en moins prélevé dans les forets, jusqu'à 75 % à l'horizon 2025, pour le bonheur de notre pharmacopée traditionnelle et pour le bien des générations futures.

Durant cinq ans, l'importation des voitures/véhicules électriques sera taxée à un forfait de 5 % (CAF) pour encourager les citoyens à changer leurs voitures/véhicules à combustible fossile; par des modèles nouveaux respectueux de l'environnement et du climat. Des propositions des chaines de montage sont attendues.

III. Conditions de la mise en place de ces projets et da⁻e limite de réception :

En plus des facilitations usuelles du code d'investissement, les présents projets bénéficieront d'une exonération complète, durant cinq ans, dans l'importation des matériels et équipements entrants dans leur réalisation. Les offres d'études, de financement et de partenariat sont reçues, sans délai, au siège de l'Union Africaine.

Le Président en exercice de l'Union Africaine

Un plan "XiJi" pour l'Afrique dans un partenariat privilégié avec la ZLEC de toute l'Afrique

Un plan "XiJi" pour l'Afrique dans le cadre du partenariat privilégié entre la Chine et l'Afrique, avec la Zone de Libre Échange – ZLEC

Comme le plan MARSHALL, qui a permis de reconstruire l'Europe après les deux guerres, le plan "XiJi" va accélérer le développement durable de l'Afrique dans les cinq axes retenus par le partenariat privilégié.

Le forum de septembre à Beijing permettra de lancer ce plan.

Rubriques	Actions	Justificatifs et montants
Eau douce potable	Poser des usines de dessalement d'eau de mer 5 unités de 200 000m³, par site 20 sites (Nouadhibou, Nouakchott, Saint Louis, Kaolack, Ziguinchor,…) Transporter l'eau, de la mer aux terres arides de l'intérieur du continent Vendre l'eau douce pour rembourser l'emprunt Pouvoir planter quantitativement les légumes et les arbres fruitiers de la sécurité alimentaire Mettre les fruits et légumes en conservation longue durée par des industries agroalimentaires	Lutte contre la famine, la sécheresse, a pauvreté, et les guerres de l'eau en Afrique. 94 milliards d'euros à mobiliser pour toute l'Afrique dans une dette pérenne de 50 ans
Déchets urbains	Installer des centres de collecte, traitement et recyclage des déchets des villes, déversées dans les rivières, fleuves et océans	Un business privé à rentabiliser par la vente des produits recyclés et es contributiors citoyennes de 1 dollar par bimestre et par individu

Rubriques	Actions	Justificatifs et montants
Énergie électrique	Production d'électricité, écologique, abondante et bon marché	30 milliards d'euros
	Barrages hydroélectriques (Inga III, Kouilou Sounda, Kassaï I & II)	Rentabilité par la vente de l'électricité par PPA, payable d'avance, à travers un montage financier où il n'y aura pas d'arriérés à recouvrer
	Pose des hydroliennes, sur les 2 rives, des 4000 km du fleuve CONGO	
	Production d'électricité, par GNL, à travers l'extinction des torchères des plateformes pétrolières ; 3 à 5 GW par pays producteur de brut	
	Pose des lignes HT/THT de transport/distribution/vente de l'électricité dans toute l'Afrique	
Raffinage des minerais, localement avant leur exportation	Installation des hauts fourneaux, aciéries et laminoirs dans la région entre Owendo (Gabon) et Mayoko (Congo), à proximité du site d'extraction des minerais	Production locale afin d'aider à l'implantation des industries à base d'acier

Rubriques	Actions	Justificatifs et montants
Le réseau ferroviaire est à construire	Primo : relier le Pool Malébo (Brazzaville et Kinshasa) à toutes les capitales de la CEEAC (Libreville, Brazzaville, Bangui, N'Djamena, JUBA, Kigali, Bujumbura, Lusaka, Luanda) ; 50 à 100 000 km de voies ferrées à poser, Secundo : relier Dakar à Addis Abeba, en desservant au passage Bamako, Ouagadougou, Niamey, Diffa, Maïduguri, N'Djamena, Juba. des embranchements sur Ziguinchor, Bissau, Conakry, Abidjan, Lomé, Cotonou, Lagos	Dans un premier temps, les locomotives, les wagons et les rails viendront de Chine Dans un second temps, il sera envisagé leur fabrication sur le continent, notamment entre le Congo et le Gabon, à cause du minerai de fer et des laminoirs/aciéries qui seront installés non loin des sites d'extraction L'électricité écologique et bon marché, produite localement permettrait des coûts de production les plus bas au monde.

Rubriques	Actions	Justificatifs et montants
Le tout électrique dans le transport en Afrique, trains, voitures, bateaux, taxis et drones	L'introduction des voitures et trains électriques, dès 2020, dans la ZLEC est un atout économique et un enjeu de lutte contre la pollution de l'air. Les fabricants chinois pourraient introduire la Renault Zoé, sous licence, et après développer leur propre modèle, à coût départ usine de 5 000/ 6 000 euros, après avoir organisé le réseau de distribution des pièces de rechange, du ramassage des batteries usagers et de l'installation des bornes de recharges multi sources dans le continent. La troisième génération des voitures sera fabriquée localement suite au raffinage des minerais et à l'abondance de l'électricité bon marché Les drones taxis auront leurs places, après l'énoncé des lois et règlements de leur usage comme aéronefs par l'aviation civile L'Afrique sous équipée se débarrassera aisément de ses modèles à combustion fossile si le partenariat privilégié saisit l'opportunité	Remplacement des modèles à combustion fossile par le tout électrique et modèles à hydrogène

Rubriques	Actions	Justificatifs et montants
Le business de l'aviation civile dans la ZLEC	Si la Chine a commandé 150 Airbus pour ses besoins propres, elle peut se doter de 100 Airbus supplémentaires et exploiter le marché intérieur de l'Afrique Ainsi, un atelier de maintenance sera implanté sur le continent à cet effet Elle pourra prendre la gestion de la concession des aéroports du continent en y apportant des nouveaux équipements de contrôle passagers (interconnexion des aéroports e échange de données "passage des frontières' à temps réel) La mise en orbite d'un satellite permettrait de fusionner les ANS PROVIDERS du continent et de baisser de moitié les redevances aéronautiques	L'Afrique est une opportunité avec l'ouverture du marché du transport aérien e⁻ la construction du ciel unique africain

Rubriques	Actions	Justificatifs et montants
L'économie du savoir et du numérique	Sur 5 années successives, la Chine devra former un minimum de 55 000 étudiants africains, soit 1000 par pays, pour compenser le déficit croissant de pertinence technique que subit l'Afrique dans toutes les spécialités Un effort sera entrepris de construire 5 à 10 pôles universitaires par pays, afin de fixer la jeunesse sur leur site de villégiature Les pôles universitaires emblématiques tels que l'école de toutes les branches de la météorologie ou l'université des sciences et métiers de conservation des écosystèmes forestiers seront prioritaires Toutes les villes d'Afrique seront câblées en fibre optique et le remboursement sera garanti par une gestion privée	Le transfert des savoirs et des technologies peut se conjuguer avec écologie

Rubriques	Actions	Justificatifs et montants
La conservation des écosystèmes forestiers	La présence de l'eau va permettre de reboiser toutes les savanes et les terres arides Seuls les arbres plantés seront coupés pour les besoins de l'industrie Les arbres des forêts naturelles seront interdits à la coupe pour la conservation des écosystèmes forestiers En copiant sur le CANADA et avec l'aide de la Chine, on pourra cultiver le poisson de mer, par aquaculture, le long du littoral, du continent Les laboratoires de réensemencement des espèces en surconsommation seront mis en place pour aider à l'élevage du poisson de mer et d'eau douce	Dès aujourd'hui, et en urgence, il nous faut nettoyer la planète, recycler nos déchets urbains et toxiques et enfin réensemencer les mers et les forêts par des espèces en surconsommation

TDR eau douce

Termes de référence

PROJET DU TRANSPORT DE L'EAU DOUCE, DE KRIBI AU LAC TCHAD, De N'Gaoundéré à JUBA, via BRIA (nord RCA)

TRANSPORT DE L'EAU DOUCE, DE KRIBI AU LAC TCHAD, N'Gaoundéré à JUBA, via BRIA

Le tracé du transport d'eau douce, de Kribi au Lac Tchad, sera mitoyen du pipeline du pétrole du Tchad, allant de Doha à Kribi

SOMMAIRE

1. CONTEXTE DE L'ÉTUDE (des projets proposés)

L'UA, à travers la CEEAC/CEMAC, envisage porter ses efforts sur le l'amélioration des conditions de transport, notammen⁻ le transport de l'eau douce de KRIBI au Lac Tchad
Les présents TERMES DE RÉFÉRENCES se penchent sur la possibilité de transporter l'eau douce de Kribi jusque dans les terres arides du Tchad, Nord Cameroun, Nord RCA et Sud SOUDAN.

Le niveau de la mer monte et les spécialistes confirment un mètre dans les dix années à venir, dû essentiellement au changement climatique.

La superficie totale des océans est 360 700 000 km^2 et celle de l'océan atlantique est de 106 100 000 km^2. Avec 1 m de niveau en augmentation, on estime un volume d'eau de 106 100 000 000 m^3, soit 106 100 Gm^3.

Le projet prévoit de prélever un million de m^3 d'eau de mer, par jour, à travers cinq unités de 200 000 m^3, chacune. Une consommation annuelle de 0,365 Gm3 d'eau de mer qui donne une appréciation quantitative de l'impact environnemental sur l'océan atlantique.

Les cinq unités vont dessaler l'eau de mer et nous produire de l'eau douce, à raison d'un million de m3 par jour.

À travers un système de tuyaux et de châteaux d'eau, l'eau douce sera transportée, principalement, de KRIBI au Lac Tchad, le long d'un tracé passant de N'Gaoundéré, Garoua, Maroua et NDJAMENA.

D'autres tracés sont proposés aux autorités, pour intégrer les besoins en eau du Nord Cameroun, Nord du NIGERIA et au Nord de la Centrafrique.
Le projet recommande la création d'une société privée de gestion de l'eau douce livrée, pour garantir le remboursement de l'emprunt et la qualité du produit.

Un projet connexe, production de Fruits et Légumes, est joint, commence par la plantation, massivement, en très grande quantité, des arbres fruitiers, sur tous les périmètres irrigués rendus cultivables par la présence de l'eau douce.

2. OBJECTIFS VISÉS

Intitulé du projet	Impact du projet	Remarques/ Observations
La production d'eau douce par les cinq usines de dessalement d'eau de mer, installées autour de KRIBI, le long de la côte atlantique, d'une capacité journalière de 200 000 m³, chacune, soit un million de m³	Disponibilité de l'eau douce sur l'ensemble des zones arides des quatre pays cités Accroissement par irrigation, goutte à goutte, des périmètres cultivés (1000 km x 1000 km) Augmentation de la capacité de production des fruits et légumes, suite à la plantation des arbres fruitiers Possibilité de mise en emballage ces fruits en jus et des légumes en conservation longue durée.	Chaque usine coûte 40 Mill ards de FCFA, soit 200 milliards pour les cinq unités et avec 1 milliard pour les tuyaux de distribution autour de chaque ville traversée, soit création de plus de 5 millions de km2 de périmètres irrigués L e tronçon principal de Kribi, N'Gaoundéré, Garoua, Maroua, Ndjamena et au Lac Tchad est estimé à 400 milliards

Intitulé du projet	Impact du projet	Remarques/ Observations
Maillage, de chaque ville du tracé (N'Gaoundéré, Garoua, Maroua, Ndjamena, Moundou, Sarh), par portion 50 km x 50 km, par des tuyaux de distribution d'eau douce sur l'ensemble des zones arides des quatre pays ; Tchad, RCA, Nigéria, et Cameroun	Un boom de l'agroalimentaire, qui est attendu va améliorer le pouvoir d'achat des paysans et des agriculteurs industriels Une socialisation plus poussée des nationaux sur l'ensemble des zones irriguées Un rôle de leader de la production agricole dans la sous-région Afrique Centrale	La vente de 1 000 000 m^3 à raison de 100 F le m^3, soit 100 millions de F par jour, soit 2,4 milliards de FCFA par mois, soit près de 30 milliards par an On peut rembourser, par la vente de l'eau à travers une société privée de gestion de l'eau douce Le coût du m3, impose l'éducation et la sensibilisation des paysans, au mode d'arrosage goutte à goutte

Le tracé principal part de Kribi, traverse les villes ('N'Gaoundéré, Garoua, Maroua) et se termine au Lac Tchad, où il va réalimenter le lac, à petite dose, en eau douce.

Le tracé du transport d'eau douce, mitoyen de celui du pipe ine du pétrole du Tchad, de Kribi à N'Gaoundéré, avant d'épouser les dérivations

- De N'Gaoundéré, à Garoua, à Maroua au Lac Tchad, via N'Djamena
- De Maroua à Maiduguri
- De N'Gaoundéré, à Moundou, SARH, GONDEY, BIRAO, AMDAFOK
- De N'Gaoundéré, Gouza, Kaga bandara,Bria, Yalinga, Bougou à Juba

3. RÉSULTATS ATTENDUS

- Au terminus du tracé principal, le lac Tchad, sera réalimenté, en petites doses journalières jusqu'à atteindre son niveau d'antan

- Création d'une SOCIÉTÉ PRIVÉE DE GESTION DE LA PRODUCTION, DE TRANSPORT D'EAU POTABLE
Il sera constitué une société privée de gestion des infrastructures de production de l'eau douce, avec des USINES DE DESSALEMENT D'EAU DE MER, pour diverses raisons

1. Des garanties

La potabilité de l'eau vérifiée et sa qualité garantie, selon les normes internationales en la matière, seront la première exigence de gestion privée de cette eau douce.

L'eau vendue, par Water Purchase Agrement (WPA) aux grossistes que sont LES SOCIÉTÉS NATIONALES DE DISTRIBUTION D'EAU et/ou tout privé agréé dans la distribution ou vente de l'eau, est payable par avance en début de chaque mois par la banque du bénéficiaire. Pas d'arriéré à recouvrer

2. Le montage financier

L'emprunt	Les variantes	Les observations
Emprunt obligataire auprès des marchés publics et de l'épargne privée en zones monétaires CEMAC) et économiques (CEEAC)	Apport des états concernés (à travers le fonds bleu du bassin du Congo), 20 % BDEAC, 40 % BAD, 40 %	Montant emprunt 1 500 milliards Durée emprunt 50 ans Annuité 30 milliards Taux intérêts 7 %

3. la répartition des parts d'action de la société de production d'eau douce

États concernés	Organismes financiers et privés internationaux	Part réservée aux privés nationaux des quatre états et des zones CEMAC / CEEAC
20 %	60 %	20 %

- LA PRODUCTION DES FRUITS ET LÉGUMES et les SOCIÉTÉS AGROALIMENTAIRES

La présence de l'eau douce va transformer les terres arides (Nord Cameroun, Nord Nigéria, Nord Centrafrique et Sud Tchad), en de périmètres irrigués et terres cultivables.

Il sera alors possible de PLANTER des arbres fruitiers, sur une étendue de près de 1000 km sur 1500 km, et de gérer cette abondante production de fruits et légumes, en toute saison, à travers une société de fruits et légumes d'Afrique centrale (SOFRUILAC).

Une grande campagne de distribution des plants/semences sera entreprise auprès des paysans bénéficiaires des périmètres irrigués, pour les soutenir et les assister dans l'activité agricole, jusqu'à l'achat de toute leur production (Fruit and Vegetable Purchase Agrement) par les unités agroalimentaires.

Les agroalimentaires qui se chargeront de transformer/conditionner une grande partie de cette production de fruits et légumes, trouveront des plus-values considérables.

- AQUACULTURE AU LAC TCHAD

Un objectif du projet est de réalimenter le lac Tchad, à petite dose par jour en eau douce.
Il est possible d'atteindre en deux ans, le quart du niveau maximal du lac et ainsi de valider l'aspect AQUACULTURE cu

lac, avec son laboratoire d'élevage et d'ensemencement, pour une production quantitative de toutes les espèces de poissons.

Les riverains seront formés/assistés par des spécialistes du développement durable.

Des taxes minimes de "droit à la pêche", seront perçues en compensation de la réalimentation en eau, du lac Tchad. Une solidarité participative citoyenne

4. QUESTIONS À ÉTUDIER

Coût estimatif du projet

Rubrique	Estimation
5 Usines de dessalement d'eau de mer	200 milliards
Tuyaux de transport, en pipeline, d'eau douce	1200 milliards
Réseaux de tuyaux de distribution d'eau pour la création des périmètres irrigués	12 milliards
Plantation des arbres fruitiers assistée Appui formation et accès crédit aux paysans	3 milliards
Montant	**1500 milliards**

Estimation des recettes

Production journalière	Production annuelle	Coût unitaire du m3	Recettes annuelles
200 000 m^3 x 5 unités, soit 1 000 000 m^3 par jour	365 000 000 m^3	100 FCFA	36,5 milliards FCFA

Les facteurs bloquants sont :
- la durée de l'emprunt sera négociée "pérenne", 50 ans
- l'eau sera vendue sous 'Water Purchase Agrement, et payée par avance, au début de chaque trimestre par la banque du grossiste et des coopératives paysannes et villageoises. Pas de dette et pas de sommes à recouvrer.

5 . RAPPORTS ET LIVRABLES

Les consultants présenteront un rapport définitif, dans un délai de 25 semaines après la date de l'Appel à Projets et Manifestation d'intérêt.
Le rapport définitif donnera les résultats et les conclusions de l'évaluation. Il ne contiendra pas plus de 20 pages et annexes, sera en français et devra être remis le........... [date] au plus tard.

6. CALENDRIER

TO	T1	T2	T3	T4
Date de lancement officiel du projet et Appel à manifestation d'intérêt, et Appel à projets	**+ 3 mois** Sélection des projets reçus, notification	**+1 mois** APS, livré, Réunions de restitution, Collecte des corrections	**+1 mois** APD et DCE, DAO livrés, Réunions de restitution, Collecte des corrections	**+1 mois** version définitive des livrables, Lancement AOR, Sélection des projets, Adjudication

7.RÉSUMÉ DES TDRs

Les projets énumérés ci-dessus absorbent une grande partie des carences et insuffisances constatées dans la production et le transport de l'eau douce dans les terres arides de l'intérieur du continent.

Les projets reçus seront sélectionnés et attribués, de gré à gré, après négociation du bordereau des prix.

Les présents TDRs, l'appel à projets et l'avis de manifestation d'intérêt valent un Appel d'Offres Restreint (AOR), compte tenu de la nature des compétences sollicitées avant la sélection.

Le Président en exercice de l'Union Africaine

Dédicaces

Aux âmes qui aspirent à se joindre à nous, dans cet effort d'éveil de cette Afrique, non seulement le berceau, mais aussi, et surtout, le proche futur et désirable avenir de l'humanité !

A Paul Kagamé, qui a réussi à vaincre la part d'ombre que tout homme porte en lui, pour donner cette stratégie, de toute l'Afrique en une seule zone de libre-échange, en 2018, en sa qualité de Président en exercice de l'Union Africaine.

A Anatole Bizongo, qui m'a amené, lors d'un voyage à Kinshasa à ses frais, à porter un regard neuf sur la place et le rôle de ce géant, qu'est la RD Congo, en Afrique Centrale.

A Andréa Malewa, qui tente de réveiller, ceux de la rive droite du fleuve Congo, tétanisés par la longue morsure du marxiste-léniniste et de l'incivisme canaille, qui a engendré déjà, des prédateurs. Il force le respect, même de ses adversaires politiques, sous la peur ébahie de ses compatriotes, devant tant de courage et d'audace. Un autre Congo est possible !

A Junior, 3M-A, Maoungou Minguiel Michel-Ange, le "Mu kongo", afin de consolider l'argumentaire du Changement Global pour "bâtir le noyau", le "n'zita dia nza", le couple moteur de l'Afrique (centrale).

A Patricia J N, tes yeux étaient mon meilleur miroir, ça, c'était hier !

ACRONYMES

AZAWAD, est un territoire presque entièrement désertique situé dans le Nord du Mali

OACI, Organisation de l'Aviation Civile Internationale

UA, Union Africaine

CEMAC, Communauté Économique et Monétaire de l'Afrique Centrale

CEEAC, Communauté Économique des États de l'Afrique Centrale

RDC, République Démocratique du Congo

RC, République du Congo

DACs, Direction de l'Aviation Civile

TDRs, Termes de Référence

Bibliographie et source de données

A/ Livres

Vérone Manckou, 2014, "**CONGO : Terre de technologies Objectif 2025**", l'Harmattan

Pierre Jacquemot, 2016, "**L'Afrique des possibles : Les défis de l'émergence**", édition Karthala

Jean Emmanuel Pondi, 2015, "**Thomas Sankara et l'émergence de l'Afrique au XXIe siècle**", édition Afrique Éveil

Walter Rodney, 1972, "**Comment l'Europe sous développa l'Afrique : Analyse historique du sous-développement**", éditions Caribéennes

Jacques Brasseur, 2016, "**Histoire économique de l'Afrique tropicale, des origines à nos jours**", édition Armand Colin

1 À HUGO, "**Introduction à l'histoire de l'Afrique contemporaine**", éditions Armand colin, paris, 1998

2 Arlette et R RUCHELLI, "**Lexique des sciences sociales**", Paris, entreprise Moder, 1996

3. BAGENDA, "Le Congo malade de ses hommes", éditions Luc Pire, Bruxelles, mars 2003.

4. B.ADAM, "**La réalité des transferts d'armes**", Paris, décembre 1996.

5. Eddie Tambwe Kitenge Bin Kitoko, "**RD Congo : les élections et après ? Intellectuels et politiques posent les enjeux de l'après-transition**", édition l'Harmattan, 2006.

6. Facultés Universitaire Saint-Louis, **"Quel avenir pour le droit de l'environnement ?"** Bruxelles, 1996.

7. P.M.MATUMBA NGOMA, **"La RDC : une démocratisation au bout du fusil"**, Kinshasa, éditions Fondation KONRAD ADENAUER. 2006

8 GRIP, **"Conflits en Afrique, analyse de crises et pistes pour une prévention"**, édition Complexe, Bruxelles, 1997.

9. GRIP, **"Médias et conflit ; vecteur de guerre ou acteurs de paix"**, édition Complexe.

10. J-Y. LOVOIE, **"La question étrangère du développement de l'Afrique"**, Presses de l'université Québec, 1986

11. M. GRAWITTZ, **"Méthodes en sciences sociales"**, éditions Dalloz, Paris, 2001.

12. M.-F. CROSS et F. MISSER, **"Géopolitique du Congo (RDC)"**, éditions Complexe, 2006.

13. **"Missionnaires d'Afrique, République Démocratique du Congo 2000-2001"**, document, Bukavu.

14. P. BAKENDA, **"Le Congo malade de ses hommes"**, éditions LUCPIRE, Bruxelles, mars 2003.

15. P. RICHARD, **"A quoi servent ces armes ?"**, Éditions l'Épiphanie, Kinshasa, 1998.

16. P. BARACYETSE, **"L'enjeu géopolitique des sociétés minières internationales en RDC"**, SOS Rwanda Burundi, Belgique, 1998.

17. R. PINTO et M. GRAWITTZ, "**Méthode des sciences sociales**", 4ème édition, Dalloz, Paris, 2011

18. R. MINANI BIHUZO, "**Enjeux actuels de la société civile de la RDC et perspective de la coopération**", Éd. CEPAS, Kinshasa, 2003.

19. R. DUMON, "**La forêt comme source d'énergie et d'activité nouvelle**", 2ème édition, Masson, Paris, 1998, p.1.

20. E. NGOMBET, "**Intelligence économique dans les pays d'Afrique**", 2018 Edilivre

B/ DICTIONNAIRE ET ENCYCLOPÉDIES

1. C. DOCTE, "**Grand dictionnaire encyclopédie**" Larousse, édition complexe, vol3, canada, 1982

2. "Dictionnaire de français", Larousse, mai 2006

3. J-M. COLOMBANI, "**Dictionnaire d'économie**" Larousse, 2000

C/ ARTICLES, REVUES ET JOURNAUX

1. "**La gestion durable des forêts congolaises par les autochtones face au changement climatique**", in Le forestier, n° 4, Décembre 2008

2. "**Analyse des conséquences socioéconomiques de la guerre de Bukavu**", in PNUD, septembre 2004- juin 2005.

3. "Communauté européenne, environnement et développement", in Le Courrier, Afrique- Caraïbes- Pacifique, n° 133, mai-juin, 1992

4. "La femme congolaise : victime de la violence, artisane de la paix", in MONUC Magazine, N°12, Kinshasa, SD.

5. M. EKWA BIS ISAL, "Et nos minerais servaient à développer notre agriculture et notre système éducatif" in Renaître, n° 02/03, 2011.

6. "Le patrimoine mondial", in Le courrier de l'UNESCO, septembre 1997.

7. "Conflit et guerre au Kivu et dans la région des grands lacs. Entre les tensions locales et escalade", in Institut Africain-CEDAF, N°33-38, éditions l'Harmattan, Paris, 1999.

8. Nations Unies, "L'annuaire sur les armes légères", GRIP, 2001.

Table des matières

DU MÊME AUTEUR

- **Intelligence économique dans les pays d'Afrique**
Edilivre 2018

- **La France, plurielle et métissée, championne du monde**
Edilivre 2018